धूपछाँह

[कविता-संग्रह]

धूपछाँह

रामधारी सिंह 'दिनकर'

लोकभारती प्रकाशन

लोकभारती प्रकाशन
पहली मंजिल, दरबारी बिल्डिंग, महात्मा गांधी मार्ग
प्रयागराज-211 001
वेबसाइट : www.lokbhartiprakashan.com
ईमेल : info@lokbhartiprakashan.com
शाखाएँ : 1-बी, नेताजी सुभाष मार्ग, दरियागंज
नई दिल्ली-110 002
अशोक राजपथ, साइंस कॉलेज के सामने
पटना-800 006
1, अनमोल सोराबजी संतुक लेन, धोबी तलाव,
मरीन लाइंस, मुम्बई-400 002

पहला संस्करण : 1946
पुनर्नवा संस्करण : 2022
दूसरा संस्करण : 2024

मुद्रक : बी.के. ऑफसेट
नवीन शाहदरा, दिल्ली-110 032

DHOOP-CHHANH
Poems by Ramdhari Singh 'Dinkar'

ISBN : 978-81-8031-413-1

मूल्य : ₹395

दो शब्द

'धूपछाँह' की रचना के पीछे कोई विशेष इतिहास नहीं है। गत दस-बारह बरस के अरसे में, समय-समय पर, मैंने किशोरों के लिए जो थोड़ी-सी कविताएँ लिखी थीं अथवा जिनका दूसरी भाषाओं से अनुवाद किया था, यह उन्हीं का एक छोटा-सा संग्रह है। अनुवाद, प्रायः, सर्वत्र ही स्वच्छन्द हुआ है, और अधिकांश में, उन्हें अनुकरण कहना ही ज्यादा उपयुक्त होगा।

'धूपछाँह' में धूप कम और छाया अधिक है। इस प्रकार इसकी सोलह कविताओं में से दो ('दो बीघा जमीन' और 'पुरातन भृत्य') के मूल लेखक रवि बाबू, दो ('तन्तुवाय' और 'तीन दर्द') की मूल लेखिका श्रीमती सरोजिनी नायडू और एक ('नींद') के मूल लेखक गॉड्फ्रे नामक एक पाश्चात्य कवि हैं। 'बच्चे का तकिया' और 'वर-भिक्षा' सत्येन्द्रनाथ दत्त की बँगला कविताओं से ली गई हैं, मगर इनके मूल-रचयिता, क्रमशः मार्सेलिन बाल्मोर और नगूची हैं। 'पानी की चाल' नामक रचना भी सर्वथा मौलिक नहीं कही जा सकती, क्योंकि यह रॉबर्ट सदी और अकबर इलाहाबादी के अनुकरण पर लिखी गई है। यहाँ तक कि 'कवि का मित्र' नाम्नी रचना भी, जिसने मेरे कितने ही घनिष्ठ मित्रों को सिर खुजलाते हुए कुछ सोचने को लाचार किया है, सोलह आना मेरी ही स्वानुभूति नहीं है। स्वर्गीय पद्मसिंहजी शर्मा के द्वारा अनूदित लेख 'मुझे मेरे मित्रों से बचाओ' हिन्दी में काफी विख्यात है। इसके सिवा, ऐसे चरित्र का वर्णन

दो-एक अंग्रेजी लेखकों और कवियों ने भी किया है जिनमें एक का नाम जॉन गॉड्फ्रे सैक्से है। मैंने जो यह कविता लिखी, वह अपने मित्रों को छेड़ने के लिए नहीं, बल्कि, एक मनोरंजक चरित्र का वर्णन करने के लिए। अतएव, मेरे प्यारे मित्र, आश्वस्त हों, कि कवि का यह 'मित्र' बिलकुल काल्पनिक है। इसी प्रकार, 'रौशन बे की बहादुरी' का प्लॉट लाँगफेलो की एक कविता से लिया गया है।

मैं इस छोटी-सी पोथी को, विशेषतः, उन लोगों के हाथ में देना चाहता हूँ जो अपेक्षाकृत अल्पवयस्क हैं तथा जो सीधी-सादी, हल्की-फुल्की रचनाओं से सहज ही प्रसन्न हो जाते हैं। 'वर-भिक्षा' और 'तीन दर्द' से उन्हें घबराना नहीं चाहिए, क्योंकि कुछ-कुछ स्वप्न देखने का उन्हें भी अधिकार है।

पटना **—दिनकर**

जन्माष्टमी, 2003 वि.

अनुक्रम

धूपछाँह

शक्ति या सौन्दर्य

तुम रजनी के चाँद बनोगे?
　　या दिन के मार्त्तण्ड प्रखर?
एक बात है मुझे पूछनी,
　　फूल बनोगे या पत्थर?

तेल, फुलेल, क्रीम, कंघी से
　　नकली रूप सजाओगे?
या असली सौन्दर्य लहू का
　　आनन पर चमकाओगे?

पुष्ट देह, बलवान भुजाएँ,
　　रूखा चेहरा, लाल मगर,
यह लोगे? या लोगे पिचके
　　गाल, सँवारी माँग सुघर?

जीवन का वन नहीं सजा
　　जाता कागज़ के फूलों से,
अच्छा है, दो पाट इसे
　　जीवित बलवान बबूलों से।

चाहे जितना घाट सजाओ,
लेकिन, पानी मरा हुआ,
कभी नहीं होगा निर्झर-सा
स्वस्थ और गति-भरा हुआ।

संचित करो लहू; लोहू है
जलता सूर्य जवानी का,
धमनी में इससे बजता है
निर्भय तूर्य जवानी का।

कौन बड़ाई उस नद की
जिसमें न उठी उत्ताल लहर?
आँधी क्या, उनचास हवाएँ
उठीं नहीं जो साथ हहर?

सिन्धु नहीं, सर कहो उसे
चंचल जो नहीं तरंगों से,
मुर्दा कहो उसे, जिसका दिल
व्याकुल नहीं उमंगों से।

फूलों की सुन्दरता का
तुमने है बहुत बखान सुना,
तितली के पीछे दौड़े,
भौंरों का भी है गान सुना।

अब खोजो सौन्दर्य गगन-
चुम्बी निर्वाक् पहाड़ों में,

कूद पड़ीं जो अभय, शिखर से
उन प्रपात की धारों में।

सागर की उत्ताल लहर में,
बलशाली तूफ़ानों में,
प्लावन में किश्ती खेने-
वालों के मस्त तरानों में।

बल, विक्रम, साहस के करतब
पर दुनिया बलि जाती है,
और बात क्या, स्वयं वीर-
भोग्या वसुधा कहलाती है।

बल के सम्मुख विनत भेड़-सा
अम्बर सीस झुकाता है,
इससे बढ़ सौन्दर्य दूसरा
तुमको कौन सुहाता है?

है सौन्दर्य शक्ति का अनुचर,
जो है बली, वही सुन्दर;
सुन्दरता निस्सार वस्तु है,
हो न साथ में शक्ति अगर।

सिर्फ ताल, सुर, लय से आता
जीवन नहीं तराने में,
निरा साँस का खेल कहो
यदि आग नहीं है गाने में।

बल या विवेक

कहते हैं, दो नौजवान
क्षत्रिय घोड़े दौड़ाते,
ठहरे आकर बादशाह के
पास सलाम बजाते।

कहा कि "दें सरकार, हमें भी
घी-आटा खाने को,
और एक मौका अपना कुछ
जौहर दिखलाने को।"

बादशाह ने कहा, "कौन हो तुम?
क्या काम तुम्हें दें?"
"हम हैं मर्द बहादुर", झुककर
कहा राजपूतों ने।

"इसका कौन प्रमाण?" कहा
ज्यों बादशाह ने हँस के,
घोड़ों को आमने-सामने कर,
वीरों ने कस के—

एँड़ मार दी और खींच
ली म्यानों से तलवार,
और दिया कर एक दूसरे
की गरदन पर वार।

दोनों कटकर ढेर हो गये,
अश्व गये रह खाली,
बादशाह ने चीख मार कर
अपनी आँख छिपा ली!

दोनों कट कर ढेर हो गये,
पूरी हुई कहानी,
लोग कहेंगे, भला हुई
यह भी कोई कुरबानी?

"हँसी-हँसी में जान गँवा दी,
अच्छा पागलपन है,
ऐसे भी क्या बुद्धिमान कोई
देता गरदन है?"

मैं कहता हूँ, बुद्धि भीरु है,
बलि से घबराती है,
मगर, वीरता में गरदन
ऐसे ही दी जाती है।

सिर का मोल किया करते हैं
जहाँ चतुर नर ज्ञानी,

वहाँ नहीं गरदन चढ़ती है,
वहाँ नहीं कुरबानी।

जिसके मस्तक के शासन को
लिया हृदय ने मान,
वह कदर्य भी कर सकता है
क्या कोई बलिदान?

बच्चे का तकिया

[1]

ओ छोटे उपधान! अरे,
क्या भली वस्तु तू भाई!
सिर-नीचे ले तुझे ऊँघना
मुझे बड़ा सुखदायी।

दिल में छिपी खुशी के मारे
फूला औ' उभरा-सा,
तू-भरा, गुलगुला, मुलायम,
भारी नहीं ज़रा-सा।

झर-झर झरता मेघ, गरजता
नभ का कोना-कोना,
तुझमें वदन छिपाकर लगता
कितना अच्छा सोना!

[2]

हैं अनेक बच्चे धरती पर
दीन, दुखी, बिललाते,
जिन्हें नहीं घर-द्वार, राह में
जहाँ-तहाँ सो जाते।

सोने को तकिया न उन्हें,
भगवान, हाय क्या क्लेश?
भला, लेटने भर से आती
नींद कहीं लवलेश?

निठुर-ठिठुर काटते रज़ाई
बिना पूस की रात,
माँ! उनकी तो व्यथा सोचकर
कम्पित होता गात।

[3]

रोज़ सवेरे उठकर मैं
कहता हूँ, हे भगवान!
जिन्हें न आती नींद देवता!
दो उनको उपधान!

तब समेट दोनों बाँहों में
तकिया तेरा, अपना,
आँख मूँद देखता दुखी
उन बेचारों का सपना।

छा जाता तेरे आनन पर
माता! मलिन विषाद,
मैं मन-ही-मन तुझे दिया
करता हूँ आशीर्वाद।

[4]

बहुत सवेरे उठ न सकूँगा
माता, मैं कल प्रात,
नील मसहरी में काटूँगा
रजनी और प्रभात।

नील मसहरी के भीतर कल
छिपे-छिपे निःसंग,
लेटे-ही-लेटे देखूँगा
उदय-रश्मि का रंग।

जाने कैसी रात आज,
झपकी न अभी तक आयी,
सो जा तू निश्चिन्त, आँख
यदि माँ! तेरी अलसायी।

[5]

हे हरि! हे भगवान! देवता!
हे प्रभु! हे जगदीश!
यह अबोध बालक कहता कुछ
तुम्हें झुका कर शीश।

शिशु की बात सुनो हे केशव!
सकल लोक के स्वामी!
सुन लो मेरी विनय एक
हे ठाकुर अन्तर्यामी!

सुनता हूँ, माँ-बाप-हीन
बालक हैं बहुत अनाथ,
अब अनाथ मत करो किसी को,
विनय सुनो हे नाथ!

[6]

एक साँझ चुपके भू पर
आने का करो उपाय,
सिसक रहे माँ-बाप-हीन जो
लक्ष-लक्ष शिशु हाय!

गोद बिठा कर उन्हें, प्यार से
कहना मीठी बात,
चूम-चूम कर उन्हें हँसाना,
करना पुलकित गात।

चली गयी माँ जिन्हें छोड़,
उनके सिर-तल भगवान,
रजनी-भर सुख से सोने को
देना लघु उपधान।

पानी की चाल

सदी* नाम के अंग्रेज़ी-कवि
ने यह यश पाया है,
पानी का बहना कविता में
ज़िन्दा दिखलाया है।

उस रचना को देख एक दिन
अकबर का मन डोला,
फिर बहाव पर उर्दू की
ताक़त को उनने तोला।

बहुत क्रियापद जुटा दिखाया
यह कौशल बानी का,
कैसा चित्र शब्द ले सकता
है बहते पानी का।

बहुत खूब है हुआ महाकवि
अकबर का भी कहना,

* राबर्ट सदी।

पंक्ति-पंक्ति में ज़िन्दा उतरा
है पानी का बहना।

और आज है मुझे फ़िक्र यह
मैं भी कलम उठाऊँ,
हिन्दी की चौड़ी घाटी में
दरिया एक बहाऊँ।

लेकिन! कहाँ सदी औ' अकबर?
और कहाँ मैं पोला?
उस पर गज़ब, कला का अब तक
चुस्त नहीं है चोला।

रक्त-हीन जो कला पूजती
केवल शब्द-चयन को,
कैसे बाँध सकेगी वह
तूफ़ाँ, आँधी, प्लावन को।

उसपर मैं बहका-बहका-सा
हूँ तन-मन से भारी,
कला पारखी सच ही कहते
कुछ-कुछ मुझे अनाड़ी।

टेढ़ी-मेढ़ी चाल नदी की,
और राह में रोड़े,
बिगड़ गयी तसवीर कहीं,
तो पीठ गिनेगी कोड़े।

नयी लिखूँ तो सदी और
अकबर से भी डरता हूँ,
मगर ख़ैर, कुछ हँसी-हँसी में
ही कोशिश करता हूँ।

माना मैं कुछ नहीं, कला भी
नाजों की पाली है,
सब कुछ सही, मगर, हिन्दी
भाषा तो बलवाली है।

अच्छा, मेरी कठिनाई की
पूरी हुई कहानी,
अब देखिए, चला चोटी से
उछल-कूद कर पानी।

उठता-गिरता शोर मचाता,
पत्थर पर सिर धुनता,
अपने ही गर्जन की चारों
ओर प्रतिध्वनि सुनता।

घबराता-सा, शिला-गोद से
नीचे उछल उतरता,
फूल-फैल कर पल में घाटी
की खाई को भरता।

हा-हा करता, धूम मचाता,
बल से अकड़ उबलता,

गर्जमान, पागल-सा मुँह से
रह-रह झाग उगलता।

चट्टानों के बीच साँप-सा
टेढ़ी राह बनाता,
सरक-सरक चलता, पत्थर से
जहाँ - तहाँ टकराता।

अभी ठहर कर यहाँ फूलता,
उठता, ऊपर चढ़ता,
अभी वहाँ ढालू पर से हो
नीचे दौड़ उतरता।

ताली दे आनन्द मचाता,
गाता और बजाता,
गली हुई चाँदी को दिन की
आभा में चमकाता।

इस पौधे का फूल चुराकर
लहरों पर तैराता,
उसको एक थपेड़ा देता,
इसको छेड़ चिढ़ाता।

इस घाटी से अंग बचाता,
उस घाटी से सटता,
फटता यहाँ, वहाँ सकुचाता,
डरता, सिकुड़ सिमटता।

यहाँ घनी झुरमुट में अपने
को हर तरह छिपाता,
वहाँ निकल घासों पर उजली
चादर - सी फैलाता।

कहीं बर्फ़ की चट्टानों में
निज को चित्रित करता,
कहीं किनारों के फूलों का
बिम्ब हृदय में भरता।

कंकड़ियों पर यहाँ दौड़ता,
आगे पैर बढ़ाता,
वहाँ शाल-वन की छाया में
ठहर ज़रा सुस्ताता।

झुकी डालियों के पत्तों को
छूता हुआ लहर से,
सुनता कूजित गीत विहग का
झुरमुट के भीतर से।

वन के लाखों जीव जन्तुओं
से परिचय दृढ़ करता,
सबकी आँखें बचा भागता
आगे उठता - गिरता।

लहरों की फ़ौजें असंख्य ले
घहराता - हहराता,

देख दूर से ही रुकावटों
पर बकता - चिल्लाता।

लो, देखो, वह आ पहुँचा है
गाता मस्त सुरों में,
कोलाहल करता खेतों,
खलिहानों, गाँव - पुरों में।

चौड़ी छाती फुला अकड़ता,
अल्हड़ धूम मचाता,
छाता चारों ओर, एक
जल-थल का समाँ रचाता।

जिधर उठाओ नज़र, उधर है
केवल पानी - पानी,
बाढ़ कहो तुम, मगर, यही है
चढ़ती हुई जवानी।

कोलाहल है, आर्त्तनाद है,
है यह त्रास समाया,
हटो, बचो, अबकी यह पानी
काल - सरीखा आया।

और, काल-सा ही यह पानी
चला जा रहा बढ़ता।
देहली, दीवारों, ऊँचे-
टीले छप्पर पर चढ़ता।

हाँ, देखो, वह चला जा रहा
लाखों को कलपाता,
खेत किसी का डुबो, किसी का
छप्पर तोड़ बहाता।

बड़े-बड़े बाँधों को टक्कर मार,
तोड़ कर बहता,
अपने ही बल के वेगों से
व्याकुल उमग उमहता।

टोकों को अनसुनी किये-सा,
रोकों से टकराता,
ताल ठोंक सब ओर जवानी
के जौहर दिखलाता।

मीलों तक मिट्टी कगार की
काट उदर निज भरता,
बड़े-बड़े पेड़ों की जड़
पल में उत्पाटित करता।

महाकाय जल-यानों को
भँवरों में घेर नचाता,
बड़े-बड़े गजराजों को
पत्तों की तरह बहाता।

गीली मिट्टी लेप बदन में,
बना हुआ दीवाना,

छाता बन कर नाश और
गाता अलमस्त तराना।

औढर दानी - सा नालों का
घर बिन माँगे भरता,
और लुटेरे-सा किसान के
हरे खज़ाने हरता।

टीलों पर चढ़ने को हठयोगी-
सा धुनी रमाता,
और, नीच-सा खाई में
गिर जाने को अकुलाता।

गाँव, शहर, खलिहान, खेत को
छूता, अलख जगाता,
चला जा रहा महापथिक-सा
हँसता, रोता, गाता।

देखो, गिरि से दूर सिन्धु तक
जल की एक लड़ी है,
कहूँ कहाँ तक? इस प्रवाह
की महिमा बहुत बड़ी है।

बहुत हुआ, अब आज ख़त्म
करता हूँ यहीं कहानी,
यद्यपि अब भी उसी वेग से
बहा जा रहा पानी।

कवि का मित्र

[1]

आहट हुई; हुई फिर 'कोई है?' की वही पुकार,
कुशल करें भगवान कि आया फिर वह मित्र उदार।
चरणों की आहट तक मैं हूँ खूब गया पहचान,
सुनकर जिसे काँपने लगते थर-थर मेरे प्रान।

मैं न डरूँगा पड़े अगर यमदूतों से भी काम,
मगर, दूर से ही करता हूँ श्रद्धा-सहित प्रणाम
उन्हें, नहीं आकर जो फिर लेते जाने का नाम।

[2]

मेरी कुर्सी खींच बैठ कर बहुत पूछता हाल,
[कह दूँ, आहट सुनी तुम्हारी, और हुआ बेहाल?]
उलट-पुलट कविता की कापी देने लगता राय,
कहाँ पंक्तियाँ शिथिल हुई हैं; कहाँ हुईं असहाय।

देता है उपदेश बहुत, देता है नूतन ज्ञान;
मेरी गन्दी रहन-सहन पर भी देता है ध्यान।
सब कुछ देता, एक नहीं देता अपने से त्राण।

[3]

झपट छीन लेता है मेरे हाथों से अखबार,
कहता, 'क्या पढ़-पढ़कर डालोगे अपने को मार?
फिर कहता, 'कुछ द्रव्य जुगा कर खड़ा करो कुछ काम,
पैसे भी कुछ मिलें और हो दुनिया में भी नाम।'

सब सिगरेट खत्म कर कहता एक और दो यार,
बक्से खोल, दराज खोलता रह-रह विविध प्रकार।
एक नहीं खोलता कभी बाहर जाने का द्वार।

[4]

कभी-कभी आकर देने लगता है शुभ संवाद,
'रगड़ रहे हैं तुम्हें आजकल फलाँ-फलाँ नक्काद,
मैं सह सकता नहीं तुम्हारा ऐसा तीव्र विरोध,
अभी एक को डाँट दिया, आया ऐसा कुछ क्रोध।'

डिब्बा खोल, पान खा-खा कर करता है आराम,
तरह-तरह की बातें कहता ही रहता अविराम।
लेकिन, कभी नहीं कहता, 'अच्छा, अब चला, प्रणाम।'

[5]

यही नहीं, अनमोल समय की मुझे दिलाकर याद,
कहता, 'तुम गप्पों में करते बहुत वक्त बर्बाद।
जब देखो तब मित्र पड़े हैं डटकर आठो याम!
इस प्रकार कबतक चल सकता है लेखक का काम?

आशा कितनी बड़ी लगा तुमसे बैठा है देश,
और इधर तुम बकवासों में समय रहे कर शेष।'
सिर्फ सुनाता ही है, सुनता स्वयं नहीं उप्देश।

[6]

चाहे जितना सिर खुजलाऊँ, मुद्रा करूँ मलीन,
कलम पकड़, सिर थाम, कल्पना में हो जाऊँ लीन।
चाहे जितने करूँ नाट्य, पर, तनिक न डिगता वीर,
किसी तरह की मुद्रा से होता है नहीं अधीर।

कहता, 'हाँ, तुम लिखो; इधर मैं बैठा हूँ चुपचाप।'
मैं कहता, मन-ही-मन, बाकी अभी बहुत है पाप;
लिखूँ ख़ाक, जब तक दिमाग़ पर चढ़े हुए हैं आप?

दो बीघा जमीन

[1]

ऋण में सम्पद गई, सिर्फ दो बीघा भूमि थी साथ।
बाबू बोले, "इसे बेच दो मँगरू! मेरे हाथ।"

मैंने कहा, "भूमि स्वामी तुम, तुम्हें न भू का क्लेश।
मरने भर को यही एक टुकड़ी है मुझको शेष।"

मालिक बोले, "लगा रहा मैं, मँगरू! एक बगान,
बिना लिये यह खेत न होंगे चारों कोन समान–

यह तो देना ही होगा।" तब मैं बोला कर जोड़,
"मुझ गरीब पर ज़रा करें सरकार, कृपा की कोर।

सात पुश्त तक जिसको सेकर पुरखे हुए निहाल,
उस माता को आज बेच दूँ? मैं ऐसा कंगाल?"

चढ़ी आँख बाबू की, भौं पर उगी कोप की रेख।
क्रूर हँसी हँस बोले, "अच्छा, सो लूँगा मैं देख।"

[2]

अगले मास चला मैं रोता, छोड़ धरा औ' धाम;
झूठे ऋण का हुआ मुकदमा, ज़मीं हुई नीलाम।

जग में जिसे बहुत है, उसको ही न कभी सन्तोष,
राजा का कर सदा चुराता कंगालों का कोष।

सोचा, बाँध कहीं क्यों रखते मुझको जगदाधार,
इसीलिए, दे दिया दो बीघे के बदले संसार।

संन्यासी बन फिर घूमता बरसों देश-विदेश,
देखे अगणित धाम मनोहर, सुन्दर दृश्य अनेक।

भूधर, सागर, विजन, नगर नूतन, खँडहर प्राचीन,
जो देखूँ, पर नहीं भूलती वह दो बीघा ज़मीन।

पन्द्रह-सोलह बरस इसी विधि सहता फिरा कलेस,
इच्छा हुई, देख आऊँ फिर एक बार निज देस।

[3]

नमोनमः शत बार सुन्दरी बंगभूमि अभिराम,
उज्ज्वलहासिनि, तापविनाशिनि, शत-शत प्रणत प्रणाम।

चरणों की पावन रज से भूषित अम्बर का भाल,
शान्ति नीड़वत्, छाया सेवित, ग्रामों की लघु माल।

सघन आम्र कानन, हँसते गोपों के क्रीड़ागार,
अतल, स्निग्ध, कज्जलवर्णा सरिता की शीतल धार।

रसमाती, मधुमयी बंग-वधू जल ले जाती गेह,
माँ क्या कहूँ? गला भर आता, दृग में भरता स्नेह।

दो दिन बाद, द्वितीय प्रहर में पहुँचा अपने ग्राम,
इस घर को दाहिने छोड़ कर, उस घर का ले वाम।

सबकी आँख बचा, भरे अपनी आँखों में प्यास,
तृषावन्त आखिर मैं आया अपने घर के पास।

[4]

धिक्-धिक्! शत धिक्कार! अरी कुलटे धरती बेशर्म!
जब जिसकी, तब तिसकी पापिनी, यही जननि का कर्म?

थी दरिद्र की कभी जननि, निष्ठुरे! गई क्या भूल,
अंचल में भर कर रखती थी शाक, पात, फल-फूल,

किसकी रति में आज मुग्ध हो बना लिया यह वेश,
पँचरंगे पत्ते अंचल में, सुमन-सुसज्जित केश?

मैं तेरे कारण भिक्षुक बन घूम रहा गृह-हीन,
काट रही दिन अरी राक्षसी! तू विलास में लीन?

धनिक-प्रेम पर गर्व न करना, बस इतनी ही भिन्न,
शेष नहीं पहले का कोई किसी अंग पर चिह्न।

क्षुधाहरा, कल्याणमयी थी कभी सुधा की धार,
देवी थी, दासी है, चाहे जितना करे सिंगार।

[5]

रहा घूमता उस बगान में मैं व्याकुल, बेहाल,
एक किनारे मिला खड़ा प्यारा प्राचीन रसाल!

उसके नीचे बैठ, अश्रु में व्यथा हुई कुछ शान्त,
करने लगी उदित हो-हो बचपन की सुधि उद्भ्रान्त।

जेठ मास की झड़ी सुहावन, मैं निशि भर निर्धूम,
बड़े भोर दौड़ना, बाग में आम-चयन की धूम।

निकल भागना दोपहरी में छोड़ पठन का काज;
सोचा, हाय, लौट आयेगा वह जीवन क्या आज?

सहसा डोली डाल, पवन का पा सवेग निःश्वास,
पके आम दो गिरे भूमि पर आकर मेरे पास।

सचमुच, माँ ने बड़ी देर पर लिया मुझे पहचान,
सीस झुका मैंने चूमा वह मधुर प्रेम का दान।

[6]

इसी समय दौड़ा चिल्लाता माली काल-समान,
सप्तम सुर में चीख़-चीख़ पढ़ता अपशब्द-परान।

मैंने कहा, "दे चुका सब कुछ मैं कब का चुपचाप,
केवल दो फल लिये, हाय, उस पर इतना अभिशाप?"

चीन्ह न पाया, मुझे पकड़ ले गया खींच धर हाथ,
बंसी खेल रहे थे मालिक जहाँ मित्र के साथ।

सुन अभियोग कहा बाबू ने, "खून करूँगा आज।"
एक गुना ग़ुस्सा मालिक का, सौ गुन सभा-समाज।

किया निवेदन, "भीख माँगता हूँ दो फल, कर जोड़।"
बाबू बोले, "साधु बना फिरता है साला, चोर।"

मन-ही-मन मैं हँसा सोच कर 'यह अच्छा दस्तूर।
मैं ही चोर, साधु बन बैठे, सचमुच, आज हुज़ूर।'

तन्तुवाय

[1]

भोर हुआ; पर, मात्र झलकता अभी अरुण आभास;
किसके लिए लगे बुनने तुम तन्तुवाय, यह वास?
चित्र-विहग के पंखों-सा चिकना, गुलगुल, रंगीन।
"हम बुनते हैं स्तनपायी शिशु का परिधान नवीन।"

[2]

चाँद गया चढ़ मध्य व्योम में, निशा हुई गम्भीर;
तब भी किसके लिए रहे बुन तन्तुवाय, यह चीर?
सतरंगा पट? या बुनते हो पाँख मोर की प्यारी?
"हम बुनते हैं नव-विवाहिता के सुहाग की साड़ी।"

[3]

आज स्तब्ध, श्रीहीन चाँदनी में करते श्रम घोर,
तन्तुवाय, तुम क्या बुनते हो मुद्रा किये कठोर?
मेघ-शुभ्र यह वसन श्वेत पक्षी के पंख समान,
"हम बुनते हैं कफ़न, मनुष्यों का अन्तिम परिधान।"

कैंची और तलवार

[अम्बर (जयपुर) के महाराज जयसिंह का विवाह कोटा-राज्य की राजकुमारी हरावती के साथ हुआ था। रानी हरावती गौरवशालिनी राजपूत रमणी थीं और ससुराल में भी अपने पितृ-राज्य का ही लिबास पहना करती थीं। उस समय के लिबास में एक चीज़ 'जूप' कहलाती थी, जो ओढ़नी या चादर के क़िस्म की होती थी। अम्बरवालों ने बहुत पहले ही दिल्ली के बादशाह (सुलतान) और दिल्ली-राजघराने के साथ विवाह-सम्बन्ध स्थापित कर लिया था। दिल्ली की रहन-सहन को अपनानेवाला पहला राजस्थानी राज्य अम्बर ही था, जहाँ की स्त्रियाँ भी अपने स्वदेशी लिबास को पिछड़ा हुआ और पुराना जानकर दिल्ली के लिबास को अपनाने लगी थीं। महाराज जयसिंह की इच्छा थी कि उनकी महारानी भी कोटा के भद्दे लिबास को छोड़कर नये ढंग का लिबास पहनें, जो दिल्ली के अनुकरण पर अम्बर के राजघराने में चल रहा था। नीचे की कविता इसी प्रसंग से सम्बन्ध रखती है।]

[1]

दिल्ली से सम्बन्ध जोड़, अपना आदर्श विसार,
तुर्की चालें सीख रहा था अम्बर का दरबार।

रहन-सहन, आचार, सभ्यता, ठाठ-बाट, परिधान,
था आदर्श सभी बातों में दिल्ली का सुलतान।

सीख रहे थे नहीं सिर्फ नर ही दिल्ली के ढंग,
था चढ़ रहा नारियों पर भी नया मुग़लिया रंग।

अपनी रस्म-रिवाज गयी सब आज़ादी के साथ,
दिल्ली की थी नक़ल लगी अम्बर वालों के हाथ।

[2]

नये ढंग से सँवर रहा था अम्बर का दरबार,
मगर, चल रहा था कोटा में पहला ही व्यवहार।

वही पुरानी घँघरी-चोली, वही पुरानी साड़ी,
तन पर लम्बा जूप और कबरी में तेज़ कटारी।

कोटा की सिंहनी बनी थी नहीं अभी तक मैना,
थी रखती नख तेज़, न रँगने अभी लगी थी डैना।

अम्बर वाले बेच चुके थे दिल्ली में ईमान,
किसी तरह थी बची हुई लेकिन, कोटा की शान।

[3]

तब कहते हैं, एक बार (यह किस्मत की लाचारी)
अम्बर की रानी बन आयी कोटा की सुकुमारी।

अम्बर, जिसके राजमहल में भरी हुई थीं परियाँ,
हाव-भाव में, चटक-मटक में मँजी हुई सुन्दरियाँ।

सुघर वेश-विन्यास, अंग में छोटे-छोटे गहने,
नये रंग के कपड़े-लत्ते, नये ढंग से पहने।

साड़ी ऐसी नपी-तुली जो नहीं कहीं से ढीली,
केशों में न कटार, न तन पर चादर घनी फबीली।

[4]

इन परियों के बीच कुमारी कोटा की थी ऐसी,
सचमुच ही, चिड़ियों में कोई लगे सिंहनी जैसी।

चाल-ढाल, पोशाक, सभी कुछ पहला ही अपनाये,
राजपूत-रमणी के गौरव को हर तरह बचाये।

ओढ़े लम्बा जूप, छिपाये भली भाँति निज तन को,
सरल वेश से कम्पित करती सारे राजभवन को।

जीती थी वह लिये आँख में गहरी एक उदासी,
दबी राख में चिनगारी-सी, बँधी हुई महिमा-सी।

[5]

और, इधर जयसिंह चाहते थे नित नया विलास,
उन्हें फ़िक्र थी, पहनें कैसे रानी नया लिबास।

मगर, सिंहनी के भय से कुछ बोल नहीं पाते थे,
मन के मनसूबे मन में ही उठ कर दब जाते थे।

आख़िर, एक दिवस रानी का कुछ प्रसन्न मुख पाके,
हँसी-हँसी में राजा बोले कैंची एक उठाके,

"देवि! थान-भर जूप आपका है कुछ मुझे अखरता,
इसमें तो दब कर रह जाती है सारी सुन्दरता;

[6]

"ज़रा देखिए अम्बर की सुन्दरियों का परिधान,
भला, आजकल कौन ओढ़ती तीस हाथ का थान?

अच्छा हो, दें छोड़ आज से यह पोशाक पुरानी,
नयी काट के वस्त्र करें धारण अम्बर की रानी।

अगर हुक्म हो, काट गिराऊँ यह कोटा का झूल,
अम्बर का परिधान आज से रानी करें कबूल।"

आगे कहें-कहें कुछ तब तक चमकी तेज़ कटार,
कोटा की सिंहनी काँपती-हुई उठी हुंकार,

[7]

"सावधान हों महाराज, बोलें सँभाल कर बोली,
कोटा की बेटी सह सकती ऐसी नहीं ठिठोली।

[8]

दिल्ली में बिकतीं जो पोशाकें इज़्ज़त के मोल,
पहना करें उन्हें अम्बर के महाराज जी खोल।

नहीं चाहिए मुझे आपका यह अमूल्य परिधान,
कोटा की बेटियाँ पहनती हैं इज़्ज़त-सम्मान।

वह सम्मान गुँथा है इसके तार-तार के साथ,
ख़बरदार, जो कभी लगाया फिर चादर पर हाथ!

याद रहे, रखते हैं जैसी कैंची राजकुमार,
उससे कहीं तेज़ चलती है कोटा की तलवार।"

पुरातन भृत्य

[1]

भूतों-सा चेहरा काला है, बज्र-मूर्ख अति घोर।
कुछ खोता तो गृहिणी कहती, 'किसुना ही है चोर।'

बात-बात पर डाँटो, पर, वह नेक न करता कान,
बेंत लगें, वेतन कटता हो, उसे न इसका ध्यान।

'रे किसुना!' कह उसे बुलाते हम कर-कर चीत्कार,
पर, मिलता वह कहीं न, चाहे ढूँढ़ थको संसार।

एक चीज़ लाने कहता तो ले आता है तीन,
तीन कहो तो एक रखेगा, दो का पता कहीं न।

जहाँ-तहाँ दिन में छिप लेता निद्रा का आनन्द,
मैं पुकारता चीख़-चीख़ कर, 'ओ पाज़ी, मतिमन्द!'

तब हँसता वह खड़ा द्वार पर, जल उठता है पित्त,
मैं ममता-वश छोड़ न सकता, बड़ा पुरातन भृत्य।

[2]

गृहिणी रूखी होकर कहती, 'और सहूँगी मैं न;
लो अपना घर-द्वार, करो किसुना को लेकर चैन।

रोब न रखता, घर की चीज़ें बिखरीं ठोर-कुठौर,
रुपया पानी-सा बहता है, कहो, कहूँ क्या और!

सारा दिन आता न लौट कर जाता यदि बाज़ार,
दुनिया में है क्या न दूसरा कोई खिदमतगार?"

धीरज छोड़, तुरत चुटिया धर लाता उसको खींच,
कहता, 'निकल हमारे घर से, फिर मत आना नीच!'

वह जाता, धीरे मैं कहता, भले गया, पर प्रात—
हुक्का भर लाता वह, मानो हुई न कोई बात।

अति प्रसन्न-मुख, तनिक नहीं दुख, ज़रा न कातर चित्त,
छोड़े भी छुटता न, करूँ क्या? बड़ा पुरातन भृत्य।

[3]

कुछ धन जमा दलाली में करके मैंने उस साल,
सोचा, वृन्दावन चल कर जीवन को करूँ निहाल।

गृहिणी साथ लगी, तब मैंने कहा धर्म का अर्थ,
'पत्नी पति की पुण्य-भागिनी, व्यय न बढ़ाओ व्यर्थ।'

गठरी बाँध, बॉक्स में भरकर आवश्यक सामान,
कंगन झनकाती गृहिणी रो कर बोली, 'हे प्राण!

साथ नहीं लेना किसुना को; दुख पाओगे नाथ!'
मैं बोला, 'छिः, क्या कहतीं, नकटा जायेगा साथ?'

लेकिन, पहुँचा वर्दमान ज्यों गाड़ी-हित त्यों वाह!
देखा हुक्का लिये किसुनजी देख रहे हैं राह।

उफ़्, इसकी ज़्यादती सहूँगा और कहाँ तक नित्य?
जो कुछ हो, पर, मैं हर्षित था देख पुरातन भृत्य।

[4]

पहुँचा धाम, चतुर्दिक् छाये पंडे और प्रधान,
माथा भुँका दिया उन सबने, किया कंठगत प्राण।

कुछ मित्रों के साथ दिया मैंने फिर डेरा डाल,
समझा, सुख से कट जायेगा तीर्थ-धाम का काल।

पर कैसी व्रजबाला? माला क़हाँ? कहाँ हरि हन्त!
चिर-वसन्त वह कहाँ? हुआ मुझको ही यहाँ वसन्त*।

भग्न-स्वप्न-से मित्र सभी चल पड़े अकेला छोड़,
निर्जन घर में सहता हूँ मैं व्याधि-यन्त्रणा घोर।

* चेचक का रोग।

करुण क्षीण स्वर से कहता हूँ 'आओ ज़रा समीप,
बुझ जाएँगे किसुन, तुम्हारे बिना प्राण के दीप।'

जी भर आता उसे देख; वह मेरा अनुपम वित्त;
निशि-दिन सिरहाने रहता है खड़ा पुराना भृत्य।

[5]

कुशल पूछता, मुँह में जल, सिर पर देता है हाथ,
नींद हराम, न खाता कुछ क्षण भर न छोड़ता साथ।

बार-बार कहता, 'मालिक, मत डरो, न डर की बात;
देश पहुँच खाओगे फिर माँ के हाथों का भात।'

मैं चंगा ज्यों हुआ, तुरत ज्वर उस पर हुआ सवार,
मेरी काल-व्याधि का उसने लिया स्व-तनु पर भार।

बेहोशी में कटे दिवस दो, नाड़ी रुकी विभोर,
बहुत छुड़ाना चाहा था, पर; आज गया वह छोड़!

बहुत दिनों पर घर लौटा; पूरा कर सारा तीर्थ;
किन्तु, न आज साथ है मेरे हाय, पुरातन भृत्य!

भारतेन्दु-स्मृति

कवि-पूजन का पुण्यपर्व है, बन्धु! कहो क्या आज कहूँ!
नवयुग का सन्देश, सुनो तो, इस पूजा के ब्याज कहूँ?

भारतेन्दु थे इन्दु हमारे, तुम आशा के तारे हो;
भावी इन्दु, अमा-अंचल के नन्हे दीप दुलारे हो।

बनने को आलोक देश का करो अभी से तैयारी;
याद रखो, ज्वाला बनती है यही चमकती चिनगारी।

भारतेन्दु-सा ही तुम जीवन में आगे बढ़ना सीखो;
सेवा-व्रती बनो, तुम भी गौरव-गिरि पर चढ़ना सीखो।

मस्ती के पुतले उस कवि को मोद न मिला अमीरी में
आग लगा दौलत में आख़िर ढूँढ़ी शान्ति फ़कीरी में।

वत्स! विश्व अज्ञेय जाल है इसमें क़ैद नहीं होना;
शैशव की निर्मल उमंग यौवन में कभी नहीं खोना।

सींची हिन्दी-लता उन्होंने, तुम वसन्त में फूल बनो;
कुछ पंखुड़ी, रंग कुछ उसका, कुछ मधुरस कुछ धूल बनो।

फैले विभा तुम्हारी जग में, अम्बर-लता अमूल बनो;
सुनो समय की हाँक वत्स! अपने युग के अनुकूल बनो।

हरिश्चन्द्र-सा काल-धर्म पर न्योछावर होना सीखो;
शिशु हो, कैसे कहूँ कि क़िस्मत पर अपनी रोना सीखो?

तज अतीत का ध्यान खेत में नया बीज बोना सीखो;
सचे कवि की भाँति धूल को भी करना सोना सीखो।

कवि-पूजन का पुण्यपर्व है प्यारे! आज हृदय खोलो;
उगा इन्दु आरती सजाओ भारतेन्दु की जय बोलो।

वर-भिक्षा

[1]

ऊहारू, जापान देश की एक षोड्शी बाला,
पहने सद्यः-छिन्न लाल चेरी फूलों की माला।

माँग रही पति-वर मन्दिर में छवि की विभा बिखेर।
[चन्द्रमल्लि खिल रही उहारू के अंगों के घेर।]

[2]

दो ऐसा पति मुझे विधाता! जो न अचलता त्यागे,
नत हो रहें चराचर जिसके निःश्वासों के आगे।

दिवा-रात्रि-प्रेरक जो नर हो, सूर्य-सोम-समतूल।
[थर-थर करती चन्द्रमल्लि, थर-थर चेरी के फूल।]

[3]

विनय सुनो हे देव-प्रजापति! ऐसा मेरा वर हो
सानु-कुंज के मर्मर-सा जिसका रहस्यमय स्वर हो

सानु-कुंज वह जिसमें करता चुपके चाँद विहार।
[चेरी-चन्द्रमल्लि ऊहारू में मिल एकाकार।]

[4]

दो वह नर जिसके कटाक्ष हों पागल करनेवाले,
प्राणों में अफ़ीम के फूलों का मद भरनेवाले।

जिसका प्रेम सघन, खग-कूजित कानन हो निःशूल।
[चन्द्रमल्लि ऊहारू-हृदय में, मुख पर चेरी फूल।]

[5]

वह नर, जिसकी वाणी हो गम्भीर जलधि-गर्जन से,
जो ला सके अपूर्व सुरभि गेरे हित अपर भुवन से;

मन पर जमीं पपड़ियों को जो सके स्पर्श से तोड़।
[चन्द्रमल्लि, चेरी दोनों की बढ़ी परस्पर होड़।]

[6]

सहज दृष्टि से मुझे निहारे जो वर पुरुष प्रशान्त,
यथा उषा की ओर देखता भू का श्यामल प्रान्त।

जिसके चुम्बन से खिल मैं रमणी बन जाऊँ पल में।
[दृग में चन्द्रमल्लि, चेरी की पाँति खिली कुन्तल में।]

[7]

दो वह वर जिसकी स्मिति से सान्त्वना-युक्त हों प्रान,
जिसकी विभा मुझे सेवे सुख-दुःख में एक समान।

जिसका स्नेह उदार, मधुर हो, ज्योंकि ग्रीष्म की छाया।
[प्राणों में शशिमल्लि, चेर्रि-चर्चित उहारू की काया।]

[8]

दो वह पति जिसकी प्रतिमा अह-रह बसती है मन में,
जन्म-बन्धु जो कभी आज तक बिछुड़ा नहीं मरण में।

जनारण्य में आज कहीं जिसको आयी हूँ भूल
[चन्द्रमल्लि मूर्च्छित उर पर मूर्च्छित चेरी के फूल।]

[9]

दो वह युवक, हृदय में जिसके मैं बसती अविराम,
जिसके मन में, स्यात्, चुकी हूँ लिख मैं अपना नाम—

नहीं ज्ञात, किस जन्म-कुंज में, किस मधुपूर्ण लगन में।
[चेरी से मिल चन्द्रमल्लि खिल रही उहारू-तन में।]

रौशन बे की बहादुरी

रौशन बे बलवान डाकुओं का नायक कहलाता था,
सौदागर का माल वनों में लूट-मार कर खाता था।

कैरत एक उसे था घोड़ा,
जिसने कभी नहीं मुँह मोड़ा;
करता बात हवा से था वह
सटता कहीं बदन से कोड़ा।

काँटों, गढ़ों, नदी-नालों को सहज लाँघ वह बढ़ता था,
समय पड़े पर बड़े-बड़े शैलों पर भी त्यों चढ़ता था।

सब घोड़ों से अपर, दुलारा,
डाकू की आँखों का तारा,
रमणी, कनक, प्रिया से भी प्रिय,
रौशन को प्राणों से प्यारा।

रौशन के अत्याचारों से कँपने लगी प्रजा सारी,
तब रिहानुद्दीन चोर की करने चला गिरफ़्तारी।

कुछ ने बरछे बड़े निकाले,
कुछ ने लिये हाथ में भाले,
सौ सवार चल पड़े साथ हो
सभी एक से एक निराले।

सौ अरबों को देख डाकुओं का दल डरकर भिन्न हुआ;
मगर वीर रौशन का मन कुछ भी न मलिन या खिन्न हुआ।

झट-पट फाँद गया कैरत पर,
किया सलाम शत्रु को हँसकर,
मारी एँड़, चला कैरत उड़,
मानो, हों लग गये उसे पर!

समतल छोड़ शैल पर पहुँचा, अरबों ने लोचन मींचे,
मियाँ रिहान चले घाटी में, पर्वत के नीचे-नीचे।

लुढ़क रहे पत्थर खुर से लग,
कैरत शिखर-शिखर जाता है;
औ' रिहान हिम्मत के पुतले
से मन-ही-मन घबराता है।

पर, यह क्या? सहसा रौशन के शैल-पंथ का अंत हुआ,
तीस फीट की दरी सामने, अल्ला रे! क्या हंत, हुआ?

इधर शिखर है, उधर शिखर है,
बीचोबीच बड़ी खाई है,
फाँदे कौन हवा पर चढ़ कर,
यों किसकी शामत आयी है?

उछल पड़े सब अरब खुशी से "या अल्ला! अल्ला! अल्ला!
मुड़ो यार, पीछे, अब पकड़ें; भागोगे किस तरह भला?"

रौशन उतर पीठ से, कैरत
को पोंछा, रोयाँ सहलाया,
चूम-चूम उसकी आँखों को
गले मिला, गाना कुछ गाया।

बोला पीठ पोंछते, "मेरा कैरत मुझको प्यारा है,
कौन पकड़ सकता जब तक यह साथी वीर हमारा?

आँखें कैसी तेज़ चमकतीं!
कौन अनोखे, कजरारे हैं,
क्या होंगे रमणी-कच ऐसे
जैसे ये अयाल प्यारे हैं!

रेशम-से रोयें चिकने, तीरों-सा चलनेवाला है,
बहुत कहूँ क्या? कैरत मेरा कुल अरबों से आला है।

सात लाल का हार गले में,
और तीस मोती की लड़ियाँ,
दूँगा चाँदी-नाल खुरों में,
पैरों में सोने की कड़ियाँ।

रतन गुँथा दूँगा बालों में, नृप का मुकुट लजाऊँगा;
रेशम की जरपोश जीन से कैरत, तुझे सजाऊँगा।

तू है मेरे साथ, और
तो भी रिहान से आज डरूँ मैं?
कैरत, क्या तू यही चाहता
दुश्मन के ही हाथ पड़ूं मैं?

अगर नहीं, तो लिये पीठ पर मुझे दरी तू पार करे,
या ज्यों साथ-साथ जीते थे, साथ-साथ त्यों आज मरें।"

हय ने चारों पाँव एक कर
एक बार खाई को देखा।
रौशन फाँद पीठ पर बैठा,
निडर और सुस्थिर ज्यों रेखा।

कूद गया वह दरी, दूसरी चोटी पर जाकर बोला,
वीर बहादुर रौशन बे का कोई अंग नहीं डोला।

नीचे पड़ी दरी में छाया,
मियाँ रिहान बड़ा घबराया,
ऊपर जीवन-मरण-नाट्य को
देख बड़ा विस्मित चिल्लाया,

"या अल्ला! अल्ला! अल्लाहू! या अल्ला! अल्ला! अल्ला!
रौशन से बाज़ी खेले जो ऐसा नर है कौन भला?"

नींद

जिसने आविष्कार किया
निद्रा का, उसकी जय हो,
मरने पर भी कभी स्वर्ग में
उसे न किंचित् भय हो।

खोज निकाली नींद, और फिर
की क्या अच्छी बात,
निज तक इसे रोक रखने का
किया नहीं उत्पात।

लेकिन, देना दंड कठिनतम
उसे विधाता मेरे;
जिसने किया प्रचार चाहिए
उठना बड़े सवेरे।

"उठो लवा के साथ सवेरे,
साथ लवा के सोओ।"
लोगों के सुख की मिट्टी पर
मूढ़! न यों विष बोओ।

कहने को तो नियम गई कह
जीभ तुम्हारी तेज़,
मगर, पूछता हूँ, क्या चिड़ियों
के भी होती सेज?

सुबह नींद की खास घड़ी है,
अलसायी, मतवाली,
वही वक्त है जबकि नींद पर
जमती है कुछ छाली।

मूल्यवान सिर तब तक करता
है तकिये पर वास,
धरती पर जब तक न फैलता
अच्छी तरह प्रकाश।

किसे नहीं मालूम, भला है
कभी-कभी जग जाना?
कर लेना सत्कर्म सत्य से
आँख न सदा चुराना।

पर, जीवन भर की बातों पर
जब करते दृक्पात,
हमें एक के सिवा सूझती
नहीं दूसरी बात।

सारी उम्र कटी कुत्सा,
पछतावे या रोने में।
सुख का समय कभी बीता
तो बचपन या सोने में।

तीन दर्द

[1]

दर्द, प्यारे दर्द, तेरा क्या करूँ सम्मान?
हाय, यदि होती मुझे सामर्थ्य,
मैं हृदय को बाँसुरी देती बना,
और तू बन फूटता कल गान।
दर्द, प्यारे दर्द, तेरा क्या करूँ सम्मान?

[2]

किस तरह तुझको जुगाऊँ वेदने! अनमोल!
काँपते कर से किसी विधि हाय,
मैं बना पाती तुझे तलवार,
वार देती, देश, घायल देश की जय बोल।
किस तरह कर दूँ अमर अयि वेदने! अनमोल!

[3]

ओ भयानक शोक! प्यारे शोक! मीठे शोक!
तीव्र सब से
और सब से भव्य, दिव्य, पवित्र;
मैं तुम्हें अंकित करूँगी देव-मन्दिर में,
कर सको प्रसारित जहाँ से तुम अमर आलोक।
शोक! मेरे शोक! प्यारे शोक!

पुस्तकालय

पानी पर मिट्टी छाली-सी
फैली, जम कर कड़ी हुई,
कहते हैं, धरती यों जनमी
खर-पातों से भरी हुई।

रवि-शशि जनमे; किरण-योग से
जल में सातों रंग बने;
मानव बना; बने पशु-पक्षी;
अगणित कीट-पतंग बने!

दुनिया बनी; मगर, नर को
अब तक न बोलना आता था;
अपने मन का भेद दूसरों
पर न खोलना आता था।

सदियों रहा हाल यह; नर जब
सीख न पाया वचन-कला;
ब्रह्मा रोये, "हाय, द्विपद प्राणी
यह भी गूँगा निकला।

"आशा थी, इसके छूने से
तार सृष्टि के बोलेंगे,
फूल करेंगे बात और
पत्थर अपना दिल खोलेंगे।

"सो, खुद भी गूँगा है अब तक;
अब क्या हो? बोलो वाणी?
मैं तो हार थका, दुनिया पर
दया करो हे कल्याणी!"

वाणी ने वरदान दिया,
"लो, मनुज आज से बोलेगा;
मुख होगा यह सकल सृष्टि का
भेद सभी का खोलेगा!

"जल में, थल में, आसमान में,
अथवा मिट्टी के अन्दर,
जितने जौहर छिपे हुए हैं,
सब को देख सकेगा नर।

"सब को देख सकेगा, सब पर
मोटे ग्रन्थ बनायेगा,
कभी-कभी मन की पीड़ा को
श्लोक बना कर गायेगा।"

अकस्मात् खुल गयी मनुज की
मुँदी आँख भीतरवाली,

अपने चारों ओर खुशी से
भरी नज़र उसने डाली।

खुलने लगे रहस्य प्रकृति के,
गाने लगा मनुज गुन-गुन;
पत्थर या पत्तों पर लिखने लगा
भाव मन के चुन-चुन।

बहुत दिनों तक रहा हाल यह,
तब छापे की कल आयी,
मरे हुए पंडित, कवि, कोविद
ने ज़िन्दगी नयी पायी।

ग्रन्थों के पन्ने-पन्ने में
देखो बोल रहे हैं वे,
चुप हैं, लेकिन, भेद प्रकृति का
कैसा खोल रहे हैं वे!

देह नहीं उनको है, लेकिन,
दुनिया उनसे डरती है,
उनसे पूछे बिना काम कोई न
बड़ा वह करती है।

और तमाशा यह तो देखो,
व्यास अभी तक गाते हैं,
जीवित हैं मनु वृद्ध, जगत् को
जीवन-धर्म सिखाते हैं।

कालिदास, श्रीहर्ष, वाण,
कोई भी नहीं मरे अब तक;
खुद राजा दुष्यन्त तपोवन में
हैं कहीं खड़े अब तक।

औ' देखो अब तक कबीरजी
कपड़े बुनते जाते हैं,
लरछे पर है हाथ, मगर,
मन से हरि का गुण गाते हैं।

सूरदास जी की आँखों से
अश्रु अभी तक जारी है,
गोपीगण से पूछ रहे हैं,
'मेरा कहाँ मुरारी है?'

'रामायण' के पृष्ठ-पृष्ठ पर
तुलसी पुण्य बिखेर रहे;
रो-रो 'विनय' सुना अपने
दशरथ-किशोर को टेर रहे।

मुकुट कहीं जगमग राजा का,
कहीं सुकवि का सुयश हरा;
सूखी लकड़ी के छोटे घर में
कितना सामान भरा!

जग पर छाप छोड़नेवाले
पंडित, कवि, कोविद, ज्ञानी,

शूर, वीर, सम्राट्, साधु नर,
असुर, नराधम, अभिमानी,

मरण-कूप से उठ-उठ कर ये
सभी यहाँ पर आते हैं,
पहले जो कुछ खेल किया था,
अब उसको दुहराते हैं।

सरस्वती के न्याय-भवन में
अभिनय जाँचा जाता है,
पटाक्षेप के बाद राय अपनी
इतिहास सुनाता है।

कहता है इतिहास, "अमुक का
नाम लिखो कवि, सोने से,
मस्तक ऊँचा हुआ मनुज का
जिसके पैदा होने से।

"और अमुक नर पर थूकेंगी
सन्ततियाँ आनेवाली,
तुच्छ स्वार्थ-हित बेच देश भर
की जिसने इज़्ज़त डाली।"

राजा से आसन उठता है
ऊँचा कभी फ़कीरों का,
मुकुटों से भी कभी मान
बढ़ जाता है ज़ंजीरों का।

देता है इतिहास स्वर्ग जिनको,
वे पूजे जाते हैं,
युग-युग तक साहित्य-बीच
उनके गुण गाये जाते हैं।

किन्तु, दंडभोगी जयचन्दों
को नरकाग्नि जलाती है,
पीढ़ी पर पीढ़ी आ-आ कर
उन्हें थूकती जाती है।

इस जादू-घर-बीच मिलेंगे
बड़े-बड़े सन्देश तुम्हें,
जाओ, हैं मुन्तजिर विज्ञ जन
देने को उपदेश तुम्हें।

कलम और तलवार

दो में से क्या तुम्हें चाहिए—कलम या कि तलवार?
मन में ऊँचे भाव कि तन में शक्ति अजेय, अपार?
अन्ध कक्ष में बैठ रचोगे ऊँचे, मीठे गान?
या तलवार पकड़ जीतोगे बाहर जा मैदान?

जला ज्ञान का दीप सिर्फ फैलाओगे उजियाली?
अथवा उठा कृपाण करोगे घर की भी रखवाली?

कलम देश की बड़ी शक्ति है भाव जगानेवाली,
दिल ही नहीं, दिमाग़ों में भी आग लगानेवाली।
पैदा करती कलम विचारों के जलते अंगारे,
और प्रज्वलित-प्राण देश क्या कभी मरेगा मारे?

लहू गर्म रखने को रक्खो मन में ज्वलित विचार,
हिंस्र जीव से बचने को चाहिए किन्तु, तलवार।

एक भेद है और, जहाँ निर्भय होते नर-नारी,
कलम उगलती आग, जहाँ अक्षर बनते चिनगारी।

जहाँ मनुष्यों के भीतर हरदम जलते हैं शोले,
बाँहों में बिजली होती, होते दिमाग़ में गोले।

जहाँ लोग पालते लहू में हालाहल की धार,
क्या चिन्ता यदि वहाँ हाथ में हुई नहीं तलवार?

शब्दार्थ और टिप्पणियाँ

1. शक्ति और सौन्दर्य

रजनी = रात। **मार्त्तंड** = सूर्य। **प्रखर** = तीक्ष्ण, धारदार। **फुलेल** = फूलों में बसाये तिल का केश-तेल। **आनन** = मुँह। **सुघर** = सुन्दर। **निर्झर** = पहाड़ से निकला झरना। **धमनी** = शुद्ध रक्त ले जानेवाली रगें। **तूर्य** = तुरही। **उत्ताल** = अशान्त, क्षुब्ध। **सिंधु** = समुद्र। **गगनचुम्बी** = आकाश छूता हुआ, बहुत ऊँचा। **निर्वाक्** = जिसके मुँह से बात न निकले। **प्रपात** = ऊँचे से एकबारगी गिरती जलधारा, झरना। **प्लावन** = बाढ़। **विक्रम** = अधिक शक्ति। **वीरभोग्या वसुधा** = वीर ही धरती का ठीक से उपभोग कर सकते हैं। **अम्बर** = आकाश।

2. बल या विवेक

सलाम बजाना = राजा या अधिकारी के सम्मुख प्रस्तुत होकर अभिवादन करना। **जौहर दिखलाना** = कौशल-प्रदर्शन। **एँड़ मारना** = घोड़े को एड़ी चुभाकर चल पड़ने का संकेत देना। **ढेर होना** = मरकर गिरना। **आँख छिपाना** = दृश्य असह्य होना। **भीरु** = डरपोक, कायर। **सिर का मोल करना** = प्राण का मोह होना। **हृदय ने मस्तक का शासन मान लिया** = भावना स्वतन्त्र नहीं रही, हानि-लाभ की बौद्धिक गणना में लग गई। **कदर्य** = कंजूस, जो कष्ट उठाकर और कष्ट देकर संचय करे।

3. बच्चे का तकिया

उपधान = तकिया। **तूल** = कपास-सेमर आदि की रूई। **वदन छिपाना** = मुँह छिपाना। **बिललाना** = बिलखकर रोना, व्याकुल होकर असम्बद्ध बातें करने लगना। **क्लेश** = कष्ट। **लवलेश** = बहुत थोड़ी मात्रा। **विषाद** = दुःख, निराशा। [**मलिन-विषाद** = ऐसा दुःख जिससे बुरा परिणाम हो। कुछ दुःख या निराशाएँ ऐसे भी हैं जिनसे अच्छे परिणाम होते हैं।] **निःसंग** = अकेला। **उदय-रश्मि** = सूर्य की पहली किरण। **अन्तर्यामी** = अन्तर में बसनेवाले, ब्रह्म। **लक्ष-लक्ष** = लाखों। **पुलकित** = प्रेम-हर्ष आदि से रोमकूपों का उत्फुल्ल होना। गद्‌गद होना।

4. पानी की चाल

ज़िन्दा दिखलाना = सजीव चित्र प्रस्तुत कर देना। **मन डोलना** = प्रबल इच्छा हो जाना। **ताक़त तोलना** = शक्ति का अनुमान लगाना। **उनने** = उन्होंने। **कूजित** = पक्षियों का कलरव। **विहग** = चिड़िया। **घहराना** = गड़गड़ाना, गरजना। **हहराना** = डराना, दहलाना। **देहली** = दरवाज़े की चौखट का निचला हिस्सा जिसे लाँघकर प्रवेश करते हैं। **कलपाना** = सताना। **उमगना** = उमड़ना, जोश में आना। **उमहना** = बढ़कर फैलना, बह चलना, प्रसन्न होना। **उत्पाटित** = जड़ से उखाड़ा हुआ। **अलमस्त** = मतवाला, बेफ़िक्र। **औढर** = चाहे जिधर ढल जानेवाला। **औढरदानी** = भक्त को निहाल कर देनेवाला।

5. कवि का मित्र

रगड़ रहे हैं = कटु आलोचना कर रहे हैं। **फलाँ** = अमुक। **नक्काद** = आलोचक। **याम** =3 घंटे का समय, पहर।

6. दो बीघा ज़मीन

सेकर = सेवा कर, रक्षा करके। **आँख चढ़ना** = क्रोध आना। **ज़मीं** = ज़मीन, भूमि। **जग में...कंगालों का कोष** = दुनिया की रीति यह है कि जिसके पास बहुत धन हो, उसे ही सन्तोष नहीं होता। धनवानों की नीयत सदा बेईमानी की रहती है। वे राज्य को ईमानदारी से कर नहीं चुकाते और ग़रीबों के अधिकार छीनने पर भी उतारू रहते हैं। **जगदाधार** = जगत् के आधार, ईश्वर। **भूधर** = धरती को धारण करने वाले, पहाड़। **विजन** = जनशून्य, निर्जन स्थान। **अभिराम** = अच्छा लगने वाला, सुन्दर। **उज्ज्वलहासिनि** = उज्ज्वल हँसीवाली, हँसने में सुन्दर लगनेवाली। **तापविनाशिनि** = दुःख-ताप मिटानेवाली। **प्रणत** = विनीत, शरणागत, विशेष रूप से झुका हुआ। **कज्जलवर्ण** = काजल के रंगवाली। **तृषावन्त** = प्यास से बेचैन, बहुत प्यासा। **क्षुधाहरा** = भूख मिटानेवाली। **रसाल** = आम। **जेठ-मास की झड़ी** = बंगाल में जेठ में ही सावन की तरह वर्षा होने लगती है। **सप्तम सुर** = बहुत ऊँची आवाज़। **अपशब्द पुराण पढ़ना** = निस्संकोच गालियाँ बकना। **चीन्ह** = पहचान। **बंसी खेलना** = मछलियों का शिकार करना। **एकगुना...सभा-समाज** = वास्तविक स्वामी जब तनिक-सा क्रोध प्रकट करते हैं तो उनके खुशामदी दरबारी सौ गुना क्रोध दिखाते हैं।

7. तन्तुवाय

अरुण-आभास = प्रातःकाल की लालिमा स्पष्ट नहीं है। **तन्तुवाय** = कपड़े बुननेवाला, बुनकर, जुलाहा। **वास** = वस्त्र। **स्तनपायी** = दूध पीता। **व्योम** = आकाश। **निशा** = रात। **श्रीहीन चाँदनी** = फीकी चाँदनी। **मेघ-शुभ्र** = सफेद बादल जैसा। **वसन** = कपड़ा।

8. कैंची और तलवार

कबरी = चोटी। **जीती...उदासी** = सभी लोगों में वह भी थी किन्तु उसे कोई प्रसन्नता नहीं थी। अम्बर के रहन-सहन के प्रति उसका विरोध केवल उसकी आँखों की उदासी से झलकता था। **बँधी हुई महिमा** = वस्तुत: बड़ी किन्तु परिस्थिति के बन्धन में सिमटकर छोटी बनी हुई। **ठिठोली** = उपहास। **कोटा...सम्मान** = कोटावालों की दृष्टि में वस्त्रों से सुन्दरता नहीं आती, मान-मर्यादा का पालन उनकी लाज ढँकता है।

9. पुरातन भृत्य

बज्रमूर्ख = महामूर्ख। **मतिमन्द** = मन्द बुद्धि। **पित्त जल उठना** = आन्तरिक क्लेश से बहुत क्रोध आना। **पुरातन भृत्य** = पुराना सेवक। **रोब रखना** = मान-मर्यादा की रक्षा करना। **माथा भुँका देना** = बहुत समझाने पर भी न समझना, तंग कर डालना। **हंत** = शोक और विषाद प्रकट करने के लिए प्रयुक्त शब्द, हाय! **भग्न-स्वप्न-से** = इस तरह लापता, जैसे वास्तव में थे ही नहीं, उनका आभास स्वप्नमात्र था। **अनुपम वित्त** = बेजोड़ धन। **काल-व्याधि** = मृत्यु देनेवाला रोग। **स्व-तनु** = अपने शरीर। **विभोर** = निमग्न, तल्लीन।

10. भारतेन्दु-स्मृति

व्याज = बहाना। **इन्दु** = चाँद। **अमा-अंचल** = अन्धकारमय क्षेत्र। अमावस का अंचल। **मोद** = हर्ष। **दौलत में आग लगाना** = स्वेच्छा से धन नष्ट कर देना। **अज्ञेय** = जो जाना न जा सके। **विभा** = चमक। **अम्बर-लता अमूल बनो** = असम्भव को सम्भव कर दिखानेवाले अत्यन्त मूल्यवान व्यक्ति बनो। **सुनो समय की हाँक** = सामयिक आवश्यकता समझो।

11. वर-भिक्षा

षोड्शी = सोलह वर्ष की। **सद्यःछिन्न** = तुरन्त तोड़े हुए। **चेरी** = एक फल [उसका फूल भी]। **चन्द्रमल्लि** = एक प्रकार की चमेली। **समतूल** = समान, तुल्य। **सानु-कुंज** = पहाड़ का कुंज। **मर्मर** = पत्तों की खड़खड़ाहट कपड़ों की सरसराहट]। **निःशूल** = बिना काँटे का। **अपर भुवन** = अन्य लोक। **शशिमल्लि** = चमेली। **चेरि-चर्चित** = चेरी के फूलों से सजी हुई। **अह-रह** = दिन-दिन। **जन्म-बन्धु** = अनेक जन्मों का पति। **जनारण्य** = आदमियों का जंगल। **अविराम** = लगातार, बिना रुके।

12. रौशन बे की बहादुरी

शैल = पहाड़। **भिन्न हुआ** = अलग-अलग छिटक गया। **दरी** = खोह। **कच** = सिर के बाल। **अयाल** = घोड़े की गर्दन के बाल। **आला** = श्रेष्ठ। **जरपोश** = चाँदी मढ़ी हुई। **हय** = घोड़ा।

13. नींद

लवा = एक पक्षी। **दृक्पात** = किसी ओर दृष्टि डालना। **कुत्सा** = निन्दा, दोष लगाना।

14. तीन दर्द

कल गान = मधुर गान। **वार देना** = न्योछावर कर देना। **भव्य** = सुन्दर, शुभ, सत्य।

15. पुस्तकालय

वाणी = विद्या और भाषा की देवी, सरस्वती। **कल्याणी** = कल्याण कारिणी, नारी जाति के लिए सम्मानजनक सम्बोधन। **कोविद** = प्रवीण

विद्वान। **लरछा** = सूत का लच्छा। **मुन्तजिर** = प्रतीक्षारत।

16. कलम और तलवार

अजेय = न जीतने योग्य। **अन्ध कक्ष** = अँधेरा कमरा। **प्रज्वलित प्राण** = जिसके प्राणों में ज्वाला हो, जिसकी शक्ति सक्रिय हो। **लहू गर्म रखना** = प्रतिकार के लिए साहस और शक्ति जुटाना। **हिंस्त्र** = हिंसक।

●●●